JN440212

그래도 맑음

최상해 시집

문학의전당 시인선
226

그래도 맑음

최상해 시집

문학의전당

시인의 말

마당 한구석에서 푸릇푸릇한 상추를 솎았다.
손바닥에 척척 얹어서 쌈을 쌌다.
무엇을 넣고 싸서 먹어도 제 향기를 내는 상추처럼
걸림 없이 맛깔스럽거나 깔깔 재미있거나
착착 달라붙어 제 역할을 다하는 삶이 되지 못했다.
어둠 깊숙이 묻어두었던 아린 과거의 상처들을
세상에 내어놓는다고 생각하니 얼굴이 먼저 붉어진다.
그럼에도 불구하고 동인들의 성화에 오래 묵혀놓은 것들을
썩기 전에 햇볕에 풀어놓는다.
이제는 어둡고 두려웠던 길을 돌아보지 않아도 되겠다.
여전히 가야 할 길은 뿌우연 황사로 덮여 있지만
잡아주는 손들이 많아 맑은 날이 더 많겠다.
〈객토문학〉 동인들에게 고마움을 전한다.

2016년 5월
최상해

차례

제2부

제3부

제4부

제1부

밀양

새벽마다 배냇저고리 같은 밀양강이 콧김을 내뿜고, 씩씩거리는 강줄기를 달래는 영남루와 마주한 삼문송림이 울울창창 위용을 뽐내는 밀양에는, 누구든 한 발 들이기만 하면 쉽게 마음을 내려놓고 만다

위대한 탑

밀양 송전탑 반대 촛불집회
〈할매가 간다〉는
어느새,
백여덟 번째 탑을 쌓고 있었다

어르신들 행보
삼천 일,
영상 속 눈물이 어둠을 밝히는데

한 번에 떼어내지 못한 반창고처럼
뻔히 아픈 것을 알면서도
삼천 일이나 견뎌내고 있다니

송전탑이라는 괴물로부터
조상 대대로 살아온, 살아갈
고향 산천을 지켜내고자 하는
밀양 어르신들

촛불 한 자루 들고
밀양역 앞에 앉아보니 알겠다
위정자들 속내나
일당벌이 용역들 충혈 된 눈이나
한전 것들* 검은 뿔마저 감싸 안을
가장 높고 위대한 탑이
그들이라는 것을

---

*송전탑 공사를 힘으로 밀어붙이는 한전 직원들을 할머니 할아버지들은 '한전 것들'이라고 부른다.

쓸쓸한 문장

쇠사슬로 자신의 몸뚱이를 묶고
사람 키보다 깊은 구덩이에
몸을 던져 저항하고
한전 것들에게 날마다 밀리고 끌려가던
그 뜨겁던 여름

"병든 남편과 이대로만 살게 해주세요"
밀양시 부북면 대항리 구화자 어른의 절규가
슬프고 쓰리고 아프다

이대로만 살게 해 달라
이대로만 살게 해 달라

나무들이 피를 흘리며 잘려나간 자리에
송전탑은 산봉우리를 짓밟고
할매 할배들 염원 위에 보란 듯
거대한 몸집을 자랑하며
여기저기 우뚝우뚝 세워져 가고

"할매가 간다"는 문장을 세웠던
밀양역 광장에 가득한 촛불의 함성들
까맣게 까맣게 잊힌다 해도

오늘도, 할매는 간다

밀양 간다

밀양밀양 하고
입안에 되뇌기만 해도
부드러운 햇살이 미량미량……
온몸을 감싸던 밀양 간다

언제였더라, 영남루에 올라
강에서 불어오는 바람도 부러워했던 기억
그런 기억을 애써 더듬으며 밀양 간다

동그랗게 동그랗게 서로 몸을 의지하며
소곤소곤 흐르는 밀양강 같은 사람들이 사는
밀양 간다

76만5천 볼트를 전송하는 송전탑이
날벼락처럼 떨어지고부터
밀양강으로 햇살이 떼로 몰려왔다
산산이 사라진 자리마다
무성한 소문들만 둥둥 떠다닌다는

밀양 간다

밀주교를 지나 남천교를 빠져나가면서도
햇살 같은 내 기억들
강물 어디에서도 찾아볼 수 없는
밀양,

지난여름 가혹한 시간을 견뎌내느라
산이며 들이며 강이 만신창이가 되는
밀양,

나, 오늘 밀양 간다

일기

1.
우리 할머니 할아버지 마을에는
철탑이 3개나 들어서고
밀양 전역에는 69개가 세워진다고 한다
송전탑 하나 세우는 데 30억이나 들어간다는데
얼마나 많은 돈인지 모르지만
철탑이 마을 앞을 지나면 피해가 커져도
별 보상도 없다는 말에
아버지는 오늘도 열을 올리시는데
하루 이틀이 아니다

2.
밀양 사는 할아버지 할머니는
매일 시청 앞에 모여
대책을 요구하는 시위를 한다는데
허리도 아프고 다리도 아프고
농사일도 걱정이고
이러다 오래 못 살 것 같다고……

몸조심하세요
아버지는 전화를 끊고는 별말 없이 한숨만 쉬었다

뉴스에서는 국제회의장에서
"원자력 이용은 불가피하며
후쿠시마 원전 사고가
원자력을 포기할 이유가 되어서는 안 된다"며
우리 대통령이 연설했다며
또 버럭 화를 내시는 아버지
사실 나는 무슨 말인지 모르겠다

3.
할아버지 할머니 마을 앞에
떡하니 송전탑이 들어서고부터
우리 집엔 비데도 안 쓰고
안 쓰는 전기 코드 뽑기는 기본이고
언니는 헤어드라이어 때문에 짜증을 내기도 했지만
사실 에어컨 없이 올여름을 처음 넘겼는데

집에 있기가 싫었다
그래서 안 가던 도서관엔 자주 갔다
그리고 엘리베이터를 타지 않고
10층인 우리 집까지
걸어서 올라오고 내려가 봤는데
힘들어 죽는 줄 알았다
한번 해보고 그냥 엘리베이터 탔다
할아버지 할머니가 보고 싶다

---

*이 시는 밀양 송전탑 반대 시화전에 참여했던 작품이다. 가족에 대해, 언제 닥칠지 모르는 원전의 위험에 대해, 그리고 가장 가까이에 있는 전기가 누군가의 희생에 의해 생산되는 현실 문제에 다가가 보고자 어린이의 시선으로 쓴 작품이다.

담쟁이

네 꿈은 무엇일까
죽자 살자 앞만 보고 가는 것을 보면
꼭 대학 진학을 꿈꾸던 내 아이들 같다가도
가만가만 제 길만 가는 것을 보면
신의 말씀을 들은 구도자 같기도 하다
시멘트벽이나 바위나 척박한 환경에서
사투를 벌이고 있는 것을 보면
꼭 〈극한직업〉에 나오는 노동자들 같기도 하다가
온몸으로 밀양의 산과 들을 지켜내려는
밀양 송전탑 어르신들 같아서
네 꿈이 무엇이든 네 앞에만 서면
한 발 내딛는 데도 천근 같은 겸손한 마음이
발끝에서부터 차오른다

악어떼가 나타났다

강도 아이고 늪도 아이고 첩첩산중에 악어떼라니 믿을 수가 있어야지. 사람 사는 마을 앞에 뒤에 위에 해 뜨면 긴 그림자로 머리를 내리눌리고 비만 오면 씩씩거리고 윙윙거리는 악어떼가 지나다닌다는 게 말이 되나 이 말이지요. 소문이 돌 때만 해도 아무도 안 믿었지요. 지난 10여 년의 세월이 꿈만 같아요. 송전탑이 우리 머리 위에 들어선다는 그 소문이 사실이 되었을 때 알았지요. 이치우 어른이 '내가 오늘 죽어야 이 문제가 해결되겠다'며 먼저 촛불이 되셨고요. 유한숙 어른은 어떻고요. 악어몰이꾼들에게 끌려가고 짓밟히고 구속되고 손해배상에 몸은 만신창이 악어가 짓밟고 간 자리 자리마다 대대손손 농사를 짓던 논은 더 이상 논이 아니고 밭은 옛 그 밭이 아니고 산은 산이 아니에요. 아침마다 눈뜨면 무슨 헛것을 보는 것처럼 마을 앞에 떡하니 버티고 있는 저 괴물을 두 눈 끔뻑끔뻑하고 물끄러미 내려다보는 저 괴물을 이러다 내가 먼저 죽지 싶어요. 촛불은 흔들려도 꺼지지 않고 목소리는 작아도 심장을 파고드는데,

비 그친 날의 악어떼
비 내리는 날의 악어떼

악어떼 뒤에 악어 몰이꾼

그 앞에 밀양 송전탑 할매 할배들

X

태풍 너구리가 몰려온다고
온 산이 먼저 북적거립니다
너구리 한번 본 적 없는 나도 덩달아 종종걸음입니다
여름 한철 왁작거리던 매미가 톡톡히 이름값을 했던
어느 해 마산 해운동이나 오동동 신포동이
매미 울음소리로 시끄러웠습니다
더는 매미는 내가 아는 매미가 아니었습니다
바람의 속도가 그렇게 만든 것이라고들 하지만
너구리나 매미나 이름에 걸맞은 행동을 하기는 어렵다는 것입니다
몸은 땅딸막하고 네 다리는 짧으며, 귓바퀴도 작고 둥근 너구리는
우리 집 귀여운 개를 닮았다지만
그렇다고 개를 앞세우고 마중할 수는 없는 노릇
이렇듯 이름과 행동이 다른 것을 다만
포장된 이름 뒤에는 서고 싶지 않습니다
민들레나 채송화나 무화과를 눈앞에 두고
누가 손가락질하겠습니까

밀양 송전탑이 우뚝 서 있는 자리나
세월호가 한쪽으로 기울 때나
너구리나 매미가 올 때처럼 발이라도 동동거리며
가슴팍을 내리치기도 하면서
제발 사람이라는 이름값 좀 하고 살았으면 좋겠습니다
너구리에게 매미에게 미안한 것은
세월호는 흔적이 없고 송전탑은 기세등등하고
나는 스스로 할 수 있는 게 없다고 한탄만 하고
창문에 X자로 테이프를 붙이듯
오늘 하루 만이라도 입 꾹 다물어야겠습니다

평화의 이름 앞에

겨우내 목마르게 기다리고 서 있는 나무들, 미처 떨어내지 못한 몇 개의 잎들이 가벼운 몸짓으로 날아가는 눈꽃에 헝클어집니다 무뚝뚝한 바위 틈새와 차가운 밤 깊어지던 푸른 별빛이 눈의 냄새를 오래 기억할 무렵부터, 숲의 중심에서 가장자리로 햇살이 퍼져가는 동안 숲은 바람을 따라 길을 내고 있었습니다

이 숲에는 그리 특별한 나무는 단 한 그루도 살지 않습니다 어깨가 처졌거나 등이 휘었거나 팔다리가 부러져도 심지어 눈이 멀었거나 귀가 들리지 않아도 햇살이 내려앉은 곳마다 순한 길이 열리고, 도대체 열리지 않을 것만 같은 길에도 연초록 잎들이 겨울 살갗을 뚫고 숲의 일원이 되는 것을 저만 까맣게 몰랐습니다

금방 사라져버릴 길 끝 벼랑에 서서 손 내미는 당신이 있다는 것도 이제야 알았습니다 순한 냄새를 기억하는 숲의 응원에 초대받으신 당신, 촛불 한 자루 켜주실 거죠?

블타바

플루트 연주할 때마다 나를 긴장하게 만드는 곡
〈몰다우〉, 나의 조국

누 귀가 먹은 채로 악곡을 그려낸 민족투쟁의 작곡자 스메타나* 그의 민중의 바다에는, 나뭇잎에서 또록또록 떨어지는 이슬로부터 달빛을 받으며 춤추는 인어들의 원무, 마침내 점점 거대해지는 격류, 숲과 관목들을 지나 농부의 결혼식, 뜨거운 민중의 역사가 도도히 흘러 숨 쉬는, 게르만 민족의 압제에 몰다우라 불린 블타바**

가슴 깊숙이 호흡이 벅차게 들어갔다가 쉽게 뱉어지지 않는 것은 분단된 내 조국처럼 몰다우 앞에 늘 따라 다니는 '나의 조국' 때문인지 모른다

---

*스메타나: 드보르자크의 은사이며, 체코 음악의 아버지라 불린다. 그는 보헤미아에 민족 음악의 씨앗을 뿌리려 했기 때문에 그의 생애는 투쟁의 연속이었다. 〈몰다우〉를 작곡함.
**블타바: 체코의 강 이름(독일식 이름: 몰다우)

히도 아재

내 당숙 이름은 '히도'이다
일제강점기 유산으로 물려받은 이름
어릴 적 히도 아재 하고
내 입에서 튀어나오기라도 하면
얼굴 붉히시던 기억이 생생하다

어딜 가나 침략당한 민족은 그 땅에
침략자의 발자국이 남아
지울 수 없는 상처가 되지만
심지어 도시 이름마저 뭄바이에서
봄베이로 바꿔버린 역사 앞에서
내 조국을 생각한다

침략자들이 쫓겨나고 환호하고
긴 세월이 흐른 뒤에도
건축물과 이름은 그 땅에 터를 잡고
싹을 키워 열매를 맺으니
침략의 역사는 끝이 없다

인도의 금융 산업 문화 예술
제1의 항구로서 위용을 뽐내는 봄베이
뭄바이라는 이름은 되찾았으나
아직도 봄베이를 즐겨 쓰는 뭄바이에서
히도 아재 하고 부르면 얼굴 붉히시던
당숙이 떠오른다

너의 동백꽃이 되다

나 오늘 지심도(只心島) 간다
왜냐고 묻지 마라
때론 생의 슬픔이 꾸역꾸역
밀물처럼 밀려와
부끄러운 것들 허망한 것들 숨기고픈 것들
훌훌 털어버리고 싶은 때가 있으니

꽃 질 때마다 별들이 유난히 반짝반짝
길을 낸다는 동백 숲에
마음 하나 풀어놓고 싶어 무작정
너에게로 간다

섬 한가운데를 가로지르는 동안
네 아픔이 내 아픔보다 크다는 것을 왜 모를까마는
나 오늘 위안받고 싶어
무작정 너의 품에 안긴다

살다 보면 어디 상처 없는 곳 있으랴마는

흉물스런 박격포 진지가 누워 있는
너의 허리에도 꽃이 피기도 하나니
그 모든 세월을 품은 너의 상처 위에
가만가만 등 두드려주는
나는 오늘 너의
나의 동백꽃이 되고 싶다

---

*지심도는 경남 거제시 일운면에 있는 외딴섬이다. 동백섬이라고 불릴 정도로 동백꽃이 절경이다. 반면 섬에는 일제강점기 말 태평양전쟁에 혈안이 된 일본군이 해안 방어를 위해 섬 곳곳에 군사시설을 만들어놓은 흔적들이 상처로 남아 있다.

함안 창녕보에서

연한 몸 푸릇푸릇 세워
풀빛 아침이 번져가던
소담한 강 언저리를 기억하는지?
잔물결 이불처럼 풀어지면
긴 다리로 저녁놀을 건너던 소금쟁이들
떼로 몰려든 피라미들
하루의 피곤을 풀어놓던
긴 강의 가슴을 기억하는지

대대손손 이어질 푸른 기억들
마디마디 삽날로 찍어내어
잿빛 시멘트로 덮어버린
이젠 별들이 내려와 몸을 풀어도
아침을 꿈꿀 수 없는
어둔 강이 되어버린 곳

수수 백 년 깊은숨 고르며
봄 여름 가을 겨울 쉼 없이 흐르던 역사

잘린 한반도 허리로도 부족해
살아 꿈틀대는 몸통을 토막토막 잘라
혈관 위에 쌓은 바벨탑 앞에서 나는
다시 쿵쿵 맥박이 뛰는
한반도의 허리를 꿈꾼다

손

슬픔과 분노로 넘실거리던 내 스무 살엔 용광로처럼 달아오른 손을 놓지 않으려 깍지 낀 채 잠들곤 했다

무심한 일상의 벽 속에 갇혀 언제부턴가 광장으로 가는 길을 잊고 살았던 시간처럼 한 손엔 곤봉을 한 손엔 일당이 든 봉투를 들고 마주선 앳된 용역들을 보며 아르바이트 나간 아들에게 문자를 보내놓고 내 손이 걸어온 기억을 더듬어본다

학생수련원에서 아이들과 보내는 시간이 보람 있다는 아들의 문자를 받고는 한진중공업 정문에 일렬로 늘어서 있는 용역들과 광장에 모인 시민들이 일렁일렁 드뷔시의 아라베스크 1번의 아르페지오처럼 파도를 타는 군상을 꿈꾸며 저 앳된 손들이 내 아들의 손인 것만 같아 슬쩍 물병을 건네본다

---

*드뷔시의 〈아라베스크 1번〉은 1888년에 발표한 피아노곡으로 아름다운 아르페지오의 환상적인 선율로 특히, 여러 종류의 악기로 연주되는 유명한 곡이다. 한진중공업 정리해고를 반대하며 희망 버스를 타고 참가한 집회에서 어린 용역들과 시민들이 아름다운 하모니를 이루는 꿈을 꿔본 적 있다.

제2부

창원

꽃이 지고 있습니다 담장 밖으로 핏방울처럼 뚝뚝 떨어져 시들고 있습니다 지금은 까마득하지만 최루가스에 목 아프고 눈 못 뜨는 것쯤이야 핏빛으로 울며 시들어 가는 꽃 같은 밤을 온통 지새우는 것쯤이야 아무것도 아니었던 스무 살 시절이 나에게도 있었습니다 서울 시청 광장에서 광화문에서 청계천에서 촛불 하나 들지도 않았으면서 눈이 아프고 목이 아픈 것은 아직도 스무 살 그 푸름을 사는 까닭일까요 이 먼 남쪽 땅 창원에서 가슴 한구석 꺼질 듯 여린 촛불 하나 켜봅니다 지금은 까마득하지만 나에게는 아직도 유월입니다

단절의 시대

날마다 익숙한 발걸음으로
공장 정문을 들어서고
해 지고 어둠이 묵직하게 내려앉고서야
공장 문을 닫고 하루를 마감하는

세상이 아무리 힘들어도
공장 문을 열고 들어가기만 하면
힘이 솟는다는
밥과 공장은 밥과 논처럼
떼려야 뗄 수 없는 관계라며
죽어라 밥을 위해 일하고 또 일했는데
공장이 폐쇄된다니
싸워서라도 일을 해야 하는데
싸울 상대가 없으니
일하는 것조차도
싸워서 쟁취해야 하는 시대 앞에

신입 노동자나

선배 노동자나
일부 부품이 품절이어서
새로 사는 게 더 싸게 먹힌다는
단종 된 나의 휴대전화나
아무리 공장 문을 열고 들어가려 해도
굳게굳게 문을 닫아 벽을 쌓는
지금은 단절의 시대

서울

심야 서울행 버스에 몸이 실리자
생각도 따라 서울 간다
창원의 어둠이 걷히기도 전에
익숙하지 않은 서울에 생각이 먼저 내린다
몸이 한 발을 떼어놓기도 전에 생각은
지하철 노선처럼 서울이라는 이름에 사로잡힌다
몇 시간 전 기억을 뛰어넘어
꼼짝도 하지 않는
몸을 움직여 생각이 먼저 길을 나선다

광장으로 가는 길을 기억하고
광장 밖을 기억하고
광장의 소리를 기억하고
광장의 함성을 기억하는데
오로지 광장의 힘을 흩어놓으려는
권력의 폭력이 이 겨울
수많은 생각들을
밖으로 밖으로 내몬다

내몰리다 몰리다
더는 갈 곳 없는 사람들
두더지처럼 지하로 지하로 숨어들어
몸을 숨긴다

구직광고가 묵직한 신문지를 덮고
노숙 중인 소주 한 병이 휘파람을 부는
대한민국 심장에 몸이 닿기도 전에
생각이 먼저 가 있는 서울
그 서울에 간다

밖

교회 앞 사거리 신호등이 깜빡거린다
처참하다
구급차가 괴성을 지르고
예고된 빗방울이 후두두 떨어진다
인도와 차도는 단단한 경계
핏줄이 막히듯 사방이 차들로 막히자
호기심과 긴장된 얼굴들이 겹치는 것도 잠시
뒷걸음질 치거나 휴대전화로 사진을 찍거나
내리는 비를 탓하며 서둘러 돌아서는 발걸음뿐
붉은 벽돌로 둘러싸인 교회도
번쩍이는 네거리 빌딩도
끊임없이 돌아가는 광고탑도
아무 일 없는 듯
그저 정물화 된 일상이다
점점 쏟아붓듯이 내리는 빗속에 서서
더디기만 한 사고 수습을 보며
나는 왜 진도 팽목항을 생각했을까
내일(來日)이 사치였던 2014년 4월 16일

아직 끝나지 않은 진실게임

그 이름 앞에

아직은 국화꽃을 바칠 때가 아니다

유리벽

한 번도 열리지 않은 창 앞에서
보이지 않는 안과는 전혀 관계없이
가끔 옷매무시를 고치며 서 있곤 했다

무엇을 보려고 깊이 응시하지 않지만
때론 보이지 않는 것에 대한 호기심으로
창에 얼굴을 붙이고
오래오래 들여다보기라도 하면
결코 지워낼 수 없었던 시간, 80년대가
스멀거리며 밀려왔다

경찰서 문을 나서고도 한참
아프도록 꼬옥 눌러 잡은 손을
땀이 흥건해지도록 놓지 않으시던 아버지
믿는다 나는,
핏빛 노을 속으로
긴 한숨을 내놓으시며 하시던
짧은 그 한마디

그날처럼 노을이
창원 서부경찰서 유리벽에
명화처럼 걸려 있던 날
내 손바닥엔 땀이 차고 가슴이 먹먹해져
눈앞이 흐려지던,

안과 밖의 구별이 유리 두께만큼이지만
유리벽 너머로
아버지 무표정한 응시가 두렵기만 하던
그 눈빛 만나는 날
유리벽 안에도 밖에도 내가 서 있었다

배추흰나비
—순래 언니

한쪽 날개를 다쳤는지
힘껏 날개를 움직일수록
한쪽으로 기울어지기만 한다

보고 있는 내가 어지럽다

집회가 있을 때마다
맨 앞에 서서
아나운서처럼 또박또박 분명하던 그녀가
무기력한 몸을 안고
강릉 집으로 돌아왔다는 소식과 함께
베란다 화분에 배추흰나비 한 마리
날아들었다

날개를 움직여 한 번만이라도
똑바로 날아보려 해도
벼랑 끝으로 몰리기만 한다는
그녀의 소식이

수화기를 타고 가슴 한쪽에 와 박히던 날

한쪽으로 한쪽으로
맴돌기만 하던 배추흰나비가
바닥으로 툭— 떨어졌다

잘 자라

잘 자라
요즘 시대에 가장 익숙한
말,

하루 여덟 시간은 자야 한다는데
그래서 잘 자라는 말을 주고받으며
잠자리에 드는지 모른다

어릴 때는
잘 자라는 말이
단순하게
잘 자라는 말로만 들렸는데
지금 생각해보니
잘 자라는 말은
잘 자라나라는
말

대학 졸업보다

공장에서 용접 일을 선택한
아들이
지친 몸으로 잠자리에 드는 시간

내 아버지가 그랬듯
내가 할 수 있는 것은
잘 자라는 말을 건네는 일

잘 자라
아들!

유효기간

대수롭지 않게 여겼던 뾰두라지가
눈에 거슬릴 정도로 점점 커졌다
손톱으로 눌렀다가
바늘 끝으로 찔러도 보지만
피만 질질거렸다

그냥 둘 걸 후회하기도 전에
욱신거리고 부어오르기 시작했다

곪아야 터진다는
단순함 앞에 유효기간이 없다는 것을
알면서도 병원을 찾았다

시간이 가야 부기가 가라앉고
곪은 연후에야 깨끗해진다면서도
의사는 친절하게도 오히려
곪지 않는 약을 처방해준다

살짝 건드리기만 해도
터져버릴 것 같았던 곳곳이 지뢰밭인
내 이십 대가 그랬듯
반값등록금은 여전히 부기가 빠지지 않았고
아르바이트에 대출에 대학을 졸업해도
단단하게 뿌리내릴 수 없는 것은
내 이십 대나 아들의 이십 대나 변함이 없다

곪아야 터진다는 말의 유효기간은
아직도 눈을 부릅뜨고 살아 있지만
지금은 곪을 여유조차 없다

사상의 거처

창 너머 담장 밖엔 햇살이 지천입니다
저 천 개 만 개 구석구석 골고루 퍼지는 햇살에
내 사상의 거처*를 묻습니다

조국의 평온한 햇살과 바람으로부터
유배당한 몸이 되었지만,
한 번도 황톳빛 대지(大地)와 구릿빛 대중(大衆)을
가슴에 품었던 것을 후회한 적 없습니다

삼월의 끝 야산을 뒤덮은 눈의 소멸을 생각합니다
저 쓸쓸함의 적절한 온도는 몇 도일까요
갈 길 몰라 네거리에서 방황했던
그 순간의 온도일까요
고개 숙인 깃발 앞에서 걸어온 아득함을 헤아려봅니다

꼭 나아갈 길만 안개 속 같지 않다는 것을
지나온 길 되돌아보면서 알게 됩니다

어제와 다른 햇살과 신선한 바람이
저 어린 꽃다지 속으로 소리 없이 스며들기를……,
자유를 갈망하였으나 언제나
자유롭지 못했던 내 사상의 거처를 생각합니다

*1991년 〈창작과비평사〉에서 간행된 김남주 시인의 시집 제목.

자유로에서

여기만은 바람이 온순한 양털 밭이다

양지바른 곳 여기저기

이미 먼저 와 터를 닦은 집집들 사이

먼 시선으로 서 계시는 어머니

어여 오시라 손 흔드는 들판 너머

종일 무얼 기다리시나

아버지의 아버지 적부터 뿌려놓은 꽃씨들

잔잔한 꽃무리로 피어올라

가끔 웃어 보이기도 하지만

아직은 겨울,

남에서 북으로 북에서 남으로

황톳빛 대지에 지천으로 꽃이 피어야 봄이다

러시아워

꼬리를 문 차들이 일제히 로터리를 빠져나가자

창원 시청 광장을 에워싼 묵직한 깃발들이

의미 있는 펄럭임을 보였다

광장 가장자리에 터를 잡은 화분들 위에 햇살이 쏟아지자

튤립 꽃무리가 일제히 잇몸을 드러낸다

시청 정문에는 위병소를 지키는 군인들처럼

차렷 자세로 경직되어 있던 야자수 어깨가 스르르 풀리고

새벽 출근 시간부터 꿋꿋하게 서 있던

피켓을 든 1인 시위자도 긴장이 풀리면서 안도하는

언제 그랬냐는 듯

빵빵거리던 차들과 깃발과 경직의 아우성이

뒤엉켰다 사라진

한 폭의 정물화 같은

매듭

갈수록 뒤엎는 날이 많아졌다

뒤죽박죽 엉킨 생각의 꼬리를 잡는 데는
이 방법이 최고다 먼저,
문이라는 문은 죄다 열어젖혀야 한다
헝클어진 실타래를 늘어놓듯, 그리고는
그릇은 그릇대로 접시는 접시대로
따로따로 모으는 것이 순서다
헝클어놓기만 하고 정리하지 못한
일상의 일들처럼
저들도 출구를 찾지 못해 힘들었던지
서로 부딪히며 몸싸움이라도 했는지
금 가고 깨어져 이 빠진 자국들이 선명하다

이사 온 날처럼
죄다 방바닥에 늘어놓고
이리저리 짝을 맞추듯 눈대중해 보면
끝까지 정리되지 못한 채 남겨진 기억처럼

짝을 잃어버린 외로운 것들에게
마지막엔 눈을 더 맞추곤 한다

유행할 때는 아낀다고 써보지 못하고
유행이 지나면 지났다고 써보지 못한 것들이
줄지어 늘어서 있는 방바닥을 물끄러미 바라보면
날마다 만나지 않으면 안 되는 일상과
만나도 별 무의미한 일상 사이에서
긴장을 놓지 못하는 얼굴 하나 접시에 어린다

에이리언

대여 기간 마지막 날 반납 통에 밀어 넣고
사회문화면 방향으로 꺾어 들었다
800번 방향은 문학 편이고
600번 방향은 정치 에세이 쪽이다
아무래도 내가 찾으려는 것보다
아직도 나를 설레게 하는 800번 방향과
나를 분노케 하는 600번 사이에서
언제나 방향을 잃고 만다

마음이 먼저 가는 곳이 길이라고
온종일 시간에 갇혀 있어도 두렵지 않은
선택은 필수가 되었다

국철이 철컹거리며 지나는 반대편에
아케이드를 벗어나는 길이 있고
그 길 끝에는 시선을 빼앗는 대형 몰이 있다
그 대형 몰과 마주한 곳에 공동묘지 같은
도서관이 웅크리고 있다

공동묘지와 쇼핑몰 앞에서 어느 쪽이든
쉽게 유혹을 뿌리치지 못하는 것은
분명 사람을 빨아들이는 에이리언이 있기 때문이다

정치를 외면할 수도 없고
800번 방향에만 빠져 있을 수도 없는 나는
오늘도 공동묘지에서 길을 찾는다
종일 시간 속에 갇혀버린 나는
나도 모르게 에이리언이 된다

티

언제부턴가 내 눈 속에 박힌 티 하나가 쉽게 빠지지 않고 계속 시신경을 자극한다

눈물은 90%의 수분과 7%의 식염, 2%의 단백질과 1%의 점액소라는데, 갈수록 무미건조하게 말라가는 내 두 눈은 어디서 진한 눈물을 길어올까?

거리거리의 경고장 앞에, 폐지를 실은 손수레 위에, 300여 일 멈추어 있던 타워크레인 위에 내 시선이 단 1%라도 뜨겁게 가 닿은 적 있었는지

눈까풀을 깜빡거리며 안약을 넣자 눈물인지 안약인지 볼을 타고 줄줄 흘러내려도 내 눈 속에 박힌 티는 여전히 빠지지 않고 까끌까끌하기만 한다

---

*정리해고를 반대하며 김진숙 민주노총 지도위원이 부산 한진중공업 영도조선소 85호 크레인 위에서 300여 일 농성을 하였다.

제3부

못

가족사진을 반듯하게 걸고 있을 때나, 일 년 내내 무거운 달력을 매달고 있을 때도, 빗자루나 파리채의 모가지를 잡고 있을 때나, 땀내 절은 수건을 뒤집어쓰고 있을 때도 불평 한마디 하지 않는 것은

"사랑하며 살자"

이런 가훈 하나 목에 걸고 식탁 앞에 둘러앉아 하루의 일과를 따뜻하게 주고받을 수만 있다면 내 존재의 무덤 같은 이 어둠을 언제까지나 참아낼 수 있겠다

밥

원고료로 쌀이 왔다

축하하네!

글을 써서 밥을 구했으니

큰일 했네!

동인(同人)이 보낸 카톡 문자가

마치 시대를 건너

아이 네다섯 딸린 가난한 선비네 가장처럼

뭉글뭉글 가슴은 뜨겁고

쌀을 바라보는 식솔들 초롱초롱한 눈

4kg 쌀 한 봉지가 참 대견하기만 하다

한국 비정규직센터에서 원고료로

쌀이 왔다

내 글이 그들에게

한 올 한 올 차진 밥이 되었으면 좋겠다

밥을 짓다

눈을 뜨기 시작하는 건 오감이다

침이 꿀꺽 넘어가는 건 생리다

소리 질러 부르지 않아도

밥상 앞으로 식구들을 모이게 했던

지난 시간을 어떻게 표현해야 하나

말하지 않아도 밥상 앞에서는 걱정을 읽어내곤

서로를 위로하곤 한다

추억을 넘어 살아 있다는 증거를 여기서 찾는다

그러나 일과가 시작되는 얼굴들이

이제는 생각나지 않는다

그때, 그 밥상 앞으로 가족이 모이도록 했던 엄마

그런 엄마가 되지 못한 채 나의 일상은 분주하기만 하다

아들의 얼굴을 읽지 못하고

딸의 걱정을 위로하지도 않는다

홀로 밥상 앞에 앉은 아침 추억도 없다

장마

모처럼 맑은 하늘이다
나뭇잎 사이로
햇살이 팔랑팔랑
쏟아지는 동안
아침이 가벼운 발걸음으로 지나간다
햇볕을 맞느라 집집이
대문은 활짝 열려 있고
오거리 성당 종탑에도 흠뻑 젖은
지난 시간이
뎅 뎅 뎅 마르고 있다
정류소마다
사람들은 버스를 기다리며
햇볕을 전송하고 받느라
휴대전화에서 눈을 떼지 못한다
성치 못한 몸으로 출근한
당신을 위해 오늘은
가벼운 발걸음으로 시장에 들러
싱싱한 고등어 한 손을 사야겠다

온종일 퇴근해서
집으로 돌아오는
당신 발소리만 들렸던
결혼하고 첫 출근한
그날처럼
참 맑은 날이다

버릇

한 곳을 오래 바라보면
그렁그렁
눈물이 맺히는
정점 같은 것이라고 할까

가난한 소극장에서
오디션을 보던 날
푹 고개 숙인 내 등 뒤에서
살포시 안아주시던
어머니

그날 이후
한 곳에 시선을 모으기만 해도
몽글거리며
눈물이 맺히는 날이 많아졌다

분노의 가슴에
쐐기를 박아도

장미꽃의 화려함에
가슴이 뛰어도
미라클 연기 오디션을 보듯
주체할 수 없는
그 정점에 이르면

아! 엄마
아직도 눈물이 메마르지 않은
그날,
그
등
뒤

집

집은 많은데 집이 없다

사람의 시간과 집은 늘 한 몸이었으나
오늘날 집과 사람은 아침과 저녁처럼
동굴 속과 겉처럼 다른 세상에서 산다

동굴 입구에 서서
적막이 켜켜이 쌓인 동굴 안을 들여다보면
왜 한 발을 쉽게 들이지 못하는지 알 것 같다
안과 밖이 확연히
다른 시간임을 알 것 같다

대출로 마련한 텅 빈 집에 몸을 뉘이면
수천 년 수만 년 동굴에서 살아온
내 조상의 숨결이 들린다

오늘은 내가 내뱉는 숨소리에
동굴이 들썩이고

내일은 당신이 내뱉는 숨소리에
동굴이 가쁘다

무엇이든 삼키기에 바쁜 매머드처럼
이제 집은 제 속을 보이길 거부하는
동굴이 되었다

면접

티브이 요리 프로만 두루 섭렵한 남편이
주방을 꿰차고부터 내 자리가 없어졌다
다행이라고 해야 하나
거긴 내 자리라고 데모라도 해야 하나
하루에도 몇 번씩 마음이 불안하다
정년퇴직 후 새 직장을 구하는 일에는
별 신경 쓰지 않는 것을 보니
혹시 식당이라도 차리려는 심산인지
그 마음 영 알 수가 없다
나는 매달 돌아오는 공과금이나
카드대금 정리하는 날이면
현금인출기 앞에서 면접 보듯 몸이 먼저 굳는다
아니나 다를까 저번 달처럼
잔액이 부족하다는 친절한 목소리에
면접에서 떨어진 것을 확인이라도 한 것처럼
홧김에 인출기를 발끝으로 툭 툭 찰 때도 있다
이런다고 공과금이 면제될 것도 아니고
사용한 카드대금이 되돌려지는 것도 아닌데

갈수록 인출기 앞도 내 자리가 아닌 때가 더 많다
나에게 차이고도 친절하게
잊으신 물건이 없는지 확인하라는 목소리가
등 돌리기 전에 뒤따라오면
그때쯤에야 정신이 들고 발끝이 부끄럽다
내가 돌아선 자리에 또 누군가 굳은 얼굴이 되어
면접관 앞에 자신을 세우고 있다

기도문

하나도 기억나지 않는 꿈을 끌고
새벽기도 하러 가는 길
어두운 옷을 막 벗어놓는
말간 맨살 사이를 가로지르다 보면
한 뭉치 꽃처럼 피어나는 말씀들

대학을 자퇴하고
기술자격증 시험을 준비하는 아들에게
대견하다는 말을 먼저 보내다가도
너나없이 공무원 시험을 준비한다는
그 대열에 있기를 막연히 바라는

이제 정년이라며 걱정하는 남편에게
평생 일만 했으니
이제는 좀 쉬어도 된다는 말로
어루만지다가도
아직은 젊은데 하고
뒤가 불안한 마음이 가득 차는

덜 깬 눈으로 덜 깬 입으로
주섬주섬 깨알같이 머리에 담아둔
기도의 말씀들을
막힘없이 우르르 쏟아내다가도
온밤 내 겨우 숙제 마친 것처럼
가뿐하지 못한 나의 기도문

해피엔딩

그림자가 길거나 짙거나
일기는 언제나 반성으로 끝난다

다시는 잘못을 저지르지 않겠다
그래서 행복해지겠다는 마무리

가끔 스무 살 적 창가에
나를 꿇어앉히기도 하지만
내일은 여전히 맑음
깜깜하고 무겁던 그림자를 끌어안고
여인숙 골방 깊숙이
슬픔의 무게만큼 가둬놓았던
한때의 시간, 그래도 맑음

조각조각 부서진 몸뚱이를 흩뿌리며
서쪽 바다에 빠져 들어가는 낙조(落照)
그 마지막 애달픔처럼
역전 파출소로 숨 가쁘게 달려와

손 내밀던 엄마
짓무른 눈가를 찍어 내시다가도
마지막까지 애써 눈물을 참아내시며
기다려주시던 그래서 맑음

시간은 언제나 과거에 머문 적이 없다는 것
일기장을 펼치면 오늘도 여전히 맑음

그늘

짙은 나무그늘이 드리운
플라스틱 간이의자에 앉아
버스를 기다린다

기다리는 버스는 오지 않고
쏟아지는 뜨거운 비명(悲鳴)을 듣는다

내 머리 위에 가슴속에
비수처럼 내리꽂는
"당신은 누구세요?"
"누구신데 우리 집에서 밥을 먹습니까?"
나를 알아보지 못하시는
멀뚱멀뚱한 어머니

허무처럼 울컥 쏟아지는
설움 한 덩이

나는 아직 더 기다려야 한다

칠 년을 땅속에서 기다린 뒤
한꺼번에 쏟아내는
매미의 비명에 머릿속이 하얗게 비워져도

어머니의 그늘에
오래오래 한참을 더 서 있어야 한다

어머니

경포대 리조트 하나 얻어 2남 2녀인 자식들과 딸린 손자들을 모이게 한 어머니 팔순잔치, 진달래빛 저고리에 밝은 황갈색 치마, 한복으로 곱게 갈아입은 어머니께서 파란 보료 위에 앉아 있는 모습이 꼭 새색시 같다며 추억을 떠올리기도 하고, 아주 고우셔서 지금 시집가도 되겠다며 어설픈 폭죽을 터뜨리기도 하면서, 막내 부부가 부지런히 움직인 덕에 무사히 하룻밤을 마치게 되었는데, 차려진 음식에 웃음에 어머니는 연신 고맙다며 어느 동네 사는 아저씨들이 이리도 마음씨가 좋으냐며 인사를 빼놓지 않으신다 손자들이 왁자하게 떠들기라도 하면 동네 애들 다 모였다며 웃다가도 어여 집에 가라고 성화다 잠시라도 막내며느리가 보이지 않으면 풀이 죽고 마는 어머니에게는 자식들도 손자도 모두 잔치에 놀러온 동네 사람들일 뿐이다

봄비

늦은
봄밤
친정엄마
치매에 대해
조곤조곤
쉼 없이
쏟아내고
있는
올케

긴
전화선을 타고
봄밤
봄비처럼
잘박잘박
한다

오후

강변 가로수 길이 흔들리는

오후가 문제였다

강물 속으로 햇살이 빠져들 때마다

찰랑거리는 물소리에

내 몸은 현기증을 앓는다

강은 어둠이 올 때까지

제자리를 지키겠다는 듯 오히려 꿋꿋하다

더없이 몸이 가벼워진 바람만이

슬며시 물 위에 한 발을 담그고는

슬쩍 눈치를 본다

오후에는 무슨 일을 해도 용서받을 것 같다

연둣빛 물풀들 사이로 해가 지는 동안

아무도 모르게 강은 모래톱을 쌓는다

오후는 느리지만 그만큼 섬세하다

수술실 앞에서

문은 벽이다

열리지 않는 문은 벽보다 견고하다

벽 앞에서는 돌아갈 길을 찾지만

문 앞에서는 더 큰 좌절을 맞기도 한다

유성원 씨 보호자 계십니까?

나를 찾는 목소리가 들릴까봐

꼼짝하지 못하도록 나를 옭아매는

문

제4부

봄이 슬픈 이유
—유정 선배에게

겨울 수숫대처럼 깡마른 선배가 봄이 쉬이 올 것 같지 않다며 아이비 화분 하나를 불쑥 떠맡겼다 받아든 순간, 몇 개 남지 않은 잎 하나가 툭 몸을 던지듯이 떨어졌다 양지바른 베란다에 놓았다가 거실에 들여놓기를 며칠, 내 눈을 피해 줄기 끝 파릇 싹 하나를 피워내고 있었다 어떤 환경을 배경으로 살아왔었는지 생각하고 싶지 않지만, 지금은 그늘이 더 많은 베란다와 거실 한쪽이 자신의 배경이 되었다

붉은 머리띠도 목소리 높은 구호도 제자리를 잡지 못했지만, 지나온 시간을 뒤따라 가보면 실은 어마어마한 생이 내게로 와 있다는 것을, 싹을 틔우고 꽃을 피우는 걸 보고서야 알았다 내가 살아왔던 고향 강릉과 지금 살고 있는 창원의 거리만큼 멀고 먼 시간이 재여 있었다는 것을, 이 작은 화분 앞에 쪼그리고 앉아서야 선배의 슬픈 봄을 맞는다

북극성

—아버지

가끔
아주 가끔
굳게
닫혀 있는 서랍을 열듯
하루를 열 때가 있다

이런 날은
꼭
귀퉁이 닳아
너덜거리는
사진 속 기억 같은
바람이 분다

어둠이
지독할수록
바람이
세찰수록
빛나는

별 하나
내 가슴속에 산다

그
하루를 돌아
조용히
서랍을 닫으면
더욱
반짝반짝
빛나는
얼굴

사궁두미*

온밤 내내
창밖
전깃줄 우는 소리에
잠 못 들었다

외로움은
섬 같은 것이라
끝없이 달려와서는
쉬이
짐 부려놓고
돌아서는 파도처럼
냉정해야
내려놓을 수 있다는데

전깃줄은 울면서
울면서
누구와
이별하는 중인가

지난 일 년의 시간이
중첩된다

당신을
봄 바다에 남겨두고
막차로 돌아왔던 길을
새해 첫날
첫차로 더듬어 간다
저기
해가 솟고 있는 사궁두미

---

* 창원시 마산합포구 덕동에 있는 바닷가 마을. 해맞이 명소로 유명하다.

초보운전

희뿌연 아침 빛깔이 유일한 출구처럼

동쪽이 환하다

반짝, 햇살이 붉게 눈을 찌르는 사이

신호등이 바뀌고

반드시 건너가야 할, 강을 앞에 둔

저 광활한 세렝게티 초원의 누떼처럼

일제히 콧김을 내뿜는

출근길,

무리에서 뒤처지지 않으려 앞만 보고 내달리는

어린 누들,

온몸 세포들이 꿋꿋하게 서 있는

내 모습만 같아 손에 땀이 흥건해진다

트라우마

또깍—
하고 스위치를 올렸더니
화들짝 놀라 숨어버리지 않겠어요

꼬리가 길다 하더니
꼬리는 전혀 없고
몸이 무겁다 하더니
재바르기만 하던 걸요

또깍—
하고 스위치를 내렸더니
일순간 나를 에워싸는 무거운 침묵
그 끝 모를 깊이에
내가 빠져버렸지 않았겠어요

어디에도 환영받지 못했던
지난날들과
음침하고 습한 뒷골목

지하 같은
그 시간의 행적들과 결별을 고하는
연습을 하는 중입니다

또깍—

또깍—

그 짧은 순간의 침묵에 빠져 있는
당신에게 손을 건넵니다

춘분(春分)

종일
비는 내리지요

원 없이 젖어
홍건한 몸
옷걸이에 걸어두었지요

부실하기 짝이 없는
모세혈관으로
졸졸 물 흐르는 소리

이,
비,
그치면
겨우내 웅크렸던
몸
햇볕 아래
내다 걸기만 하면

탱글탱글 보송보송
겨울의 어제와
봄의 오늘이
희망이 되는

그래야
그쯤 되어야
춘분이지요

사이에

산청 댁이 현관문 앞에 놓고 간
밤고구마를 삶아 들고는
야구 경기 대신 〈사랑만 할래〉
드라마로 채널을 옮겼다
버려졌다고 생각되던 삶 속에서
정작 엄마를 찾았지만
구수하게 고구마 냄새가 퍼져 가듯
엄마라고 부를 수 없는 안타까움은
점점 깊어져 가는데
드라마에 빠져드는 나와
드라마 밖을 맴도는 남편 사이에
주연 배우의 능란한 연기처럼
김이 솔솔 오르는 고구마가
우리 사이를 끌어당겨 주었으면 하는 맘이다
보기에도 잘생긴 고구마 하나
껍질을 벗겨놓는다
야구 경기에 마음이 온전히 가 있는 남편은
시큰둥하다

선뜻 채널을 빼앗지 않는 남편에게
드라마 속 주인공처럼
슬쩍 고구마를 또 내밀어본다

봄밤, 병실에서

처음
만났을 때처럼
오늘
당신
손,
가만히 쥐어봅니다

함께 걸었던
선운사
뒤뜰
붉디붉은 동백들
뚝,
뚝,
떨어지는 꿈을 꿔도

지난 추억보다
함께할 아름다운 시간을
먼저,

생각합니다

품절이십니다

단아한 그녀의 입에서

다소곳이 고개 숙이며 내뱉은 말

품절이십니다

그녀가 다른 물건을 소개하며

정중히 높이던 말

정성을 다해 고객에게 극존칭으로 전하고자 했을 말

이만천 원 되시겠습니다

오타를 수정하듯 수정하고 싶지만

내 용기가 품절이십니다

물과 공기처럼 조사 하나 토씨 하나 안성맞춤인

사람보다 물건이 더 극존칭 되는

자연스럽던 우리말과 우리글이

나란히 진열된 제품 앞에서는

품절이십니다

역방향

역방향으로 앉았다
뒤에서 잡아끌어 가듯 풍경들은
꽁무니를 빼며 쓩쓩 물러난다
숲의 배꼽 같은 터널을 뚫고 나가면
숲은 이미 저만치 달아나고
물안개 피어오르는 푸르고 긴 강을 따라
한참을 가다 보면
듬성듬성 늪을 거닐고 있던 두루미가
점점 작아지고

역방향으로 앉았다
내 이십 대가 삼십 대가 뭉텅뭉텅 지나가고
꼬리를 문 차들이
분주하게 도시를 빠져나가면
꽉 찬 풍선 같은 푸른 광장의 아우성
아우성들이 안개처럼 물러나고

역방향으로 앉았다

평생 작은 구멍가게를 지키고 계시는 어머니
언제까지나 고향집 대들보이신 아버지
코 밑이 시커멓게 자란 자랑스런 내 동생들
마주치기만 하면 내 얼굴이 먼저 붉어지던
따릉따릉 자전거 한 대
긴 바람 소리

역방향으로 앉았다
남편은 이미 정년퇴직을 하고
하나뿐인 아들은 이미 용접공이 되었다
광장은 이미 허물어졌고
자전거 요령 소리는 들리지 않고
긴 바람 소리

석류가 익어가는 집

석류가 익어간다는 길모퉁이 집을
진종일 휘돌았습니다
좀 더 가까이 다가가기 위해 용기를 내기도 했지만
닫힌 대문은 좀체 열릴 기미가 보이지 않았습니다
식구가 단출하다거나 늘 누군가 대문을 지킨다거나
심지어 석류나무를 본 사람이 아무도 없다는
이야기도 있었지만 나는 믿지 않았습니다
석류가 익어간다는 길모퉁이 집은
고요하기만 했습니다
대문이 쉽게 열리지 않는 것으로 봐서
털북숭이 개 같은 것은 없는 게 확실하고
애꾸눈을 부릅뜬 문지기 같은 것도 없는 게 확실합니다
그러나 나는 쉽게 대문을 두드릴 용기가 없었습니다
진종일 왔다 갔다 하며 생각한 것은
그리 높지 않은 담장을 보며
혹 키가 자라지 않는 석류나무도 있을까요
벌과 나비가 날지 않는 것을 보며
그런 나무에서도 석류는 열릴까요

이런 의문의 생각이 나를 키우기에 충분했습니다
여전히 열리지 않는 대문 앞을 서성이며
난 그만 가슴이 커지고 말았답니다
가끔 그 집 앞을 지날 때면
진종일 석류가 익어간다는 소문만 무성하고
여전히 닫힌 대문 때문에 마음이 뛰기도 하지만
난 이미 알고 있답니다
저 견고한 대문과 낮은 담장 안에는
여전히 석류가 익고 있을 것이라고 말입니다

길
—하동

태초에 바람이 있었다지요
강을 따라 처음 걷기 시작한 것도
바람인지 모르지요
보석을 잉태한 햇살이 길을 열어놓은
하동 악양면 외둔 삼거리
끝없는 하늘과 하늘을 품은 물빛과
물빛으로 몸을 치장한 모래톱이 만든
길을 따라 걷다 보면요
바람이 처음 이 길을 걸었을 것이라고
확신하게 되는데요
19번 국도변에서 악양 슬로시티 표지판을 지나
화개장터쯤 이르러 아마도 슬며시 엉덩이를 걸치고
막걸리로 배를 채우기도 했을 겁니다
전라남도 광양시 다압면을 마주한 길은
다압면에서 악양으로 학교에 다니느라
겨울이면 언 강 위를 걸어 친구를 만나기도 했겠지요
끝없이 흐르는 물과 펼쳐진 모래톱이 만들어낸
부드러운 곡선을 따라 걷다 보면

봄이 따로 없었겠지요
산죽터널에 올라서면 호젓한 녹차 밭이 있고요
수령이 300년이나 된 준수한 팽나무도 만나게 되지요
가다 보면 매화가 정갈한 모양새를 하고 나타나는데
자연이 펼쳐놓은 유연함으로
일상의 모나고 툭툭 불거진 것들이
바람과 함께 걷기만 하여도 부드러워지는 곳
그게 하동인지 모를 일입니다

사이

인터내셔널 호텔 맞은편 상가 귀퉁이
겨울 햇볕이 내 몸뚱이에 붙어 아롱아롱
참 따스하다
복도 같은 도로를 두고
건물들이 빽빽한 사이에
비집고 든 여우 꼬리 같은 햇살 한 줌
참 아늑하다

건물과 건물 사이를 비집고 다녀도
쉬 발 내려놓을 곳 없는 도심
햇살도 온종일 나처럼 헤매 다니다
길을 잃고 지쳐버린 것일까

햇살을 향해 눈을 감으면 파란빛이
눈 속으로 자욱해져 눈까풀이 무겁다
밤이 낮보다 더 환하고 북적거리는
중앙동 골목 한 귀퉁이에 쪼그리고 앉아
햇살의 길이가 단 10분이라도 좋으니

아무도 관심 보이지 않는 거리에서
나는 좀 느슨해지고 싶다

버스를 기다릴 때 길게 느껴지는 10분
약속 장소에서 친구를 기다릴 때
하염없는 시간 10분
시내버스 하나 놓쳐도 지루해지는 시간이지만
햇살이 내 등을 어루만져주고
내가 햇살의 손을 잡아줄 수 있다면
그 사이가 10분이라도 충분하겠다

날개 없는 새들이 산다

어디까지 올라갈 수 있을까 약속의 땅을 찾아, 무너진 바벨탑을 다시 세우듯 성큼성큼 치솟는 50층 아파트 건물 유리창에 빛무리 빛 무리들, 단숨에 엘리베이터는 49층 50층까지 나를 실어 나르지만 이 끝 모를 마천루에서 나는 잡을 손이 없다 누가 손을 내밀겠는가? 베란다에 서서 해가 지는 서쪽 하늘을 노려본다 아무도 보는 사람 없는 50층, 아무리 귀를 기울여도 지상의 발자국 소리 들리지 않는 50층, 새도 둥지를 틀지 않는 곳에 두 눈을 감고 지상으로 출렁 새처럼 날고 있다 사이렌이 울리고, 누가 창문을 열어놓았나 커튼이 흔들리며 쏟아져 들어오는 서쪽 하늘 붉은빛 빛 무리들, 왜 우리는 50층 아파트 베란다에 서서 바벨탑을 기억할까 당신이 손 내밀기에는 이미 늦어버린, 걸어서 내려오기에는 너무 늦어버린 시간

해설

아픔과 슬픔으로 햇살을 빚어내는 시

—최상해 시의 숨은 힘

이응인 시인

어제까지만 해도 나는 최상해 시인을 오륙 년쯤 저 아래 후배로 생각해왔다. 그런데 이번 시집 원고를 받고는 깜짝 놀랐다. 나보다 한 살 위인 그를 왜 어린 후배로 생각해왔을까? 그러고 보니, 평소 그의 말이나 행동이 나보다는 훨씬 젊었다. 상대적으로 나는 몇 살 더 먹은 티를 내며 겉늙은 이 행세를 한 셈이 되니, 이 글을 쓰면서도 여간 겸연쩍어지는 게 아니다. 하지만 시집으로 묶여 세상에 나오기 전에 남들보다 먼저 그의 시를 읽게 되는 반가움과 즐거움은 숨길 수가 없다. 그의 시를 다시 읽으니, 그동안 여기저기 발표될 때 마음속에 담아둔 것들이 더 맑은 얼굴로 다가서기 때문이다.

밀양에서 그리 멀지도 않은데, 마산에 가서 〈객토문학〉 동인들을 만나는 기회는 일 년에 한 번, 동인지 출판기념회를 할 때

정도이다. 마산 자산동 '남해해물탕'에서 가진 동인지 출판기념회에서 나는 그를 처음 만났다. 조금은 쑥스러운 듯이 그러면서도 나름으로 정성을 다해 플루트로 축하 연주를 할 때, 내심 별로였다. 새로 들어온 동인이 저 사람이구나 하면서도, 시나 열심히 쓰시지 무슨 악기까지 하는 마음이 일었던 것이다. 그 후 늦깎이로 문학과 음악을 공부하는 그를 대하면서 내 선입견은 산산조각이 났다. 그는 자기를 내세우기 위해 악기를 연주하는 사람이 아니었다. 그를 필요로 하는 곳, 그의 음악이 위로가 되고 힘이 되는 곳을 찾아다녔고, 그의 시 또한 그랬다. 그는 고통과 아픔이 있는 현장에 나보다 먼저 와서 자리 잡고 있었다. 그리고는 손을 내밀었다.

손 내미는 당신

이 숲에는 그리 특별한 나무는 단 한 그루도 살지 않습니
다 어깨가 처졌거나 등이 휘었거나 팔다리가 부러져도 심지
어 눈이 멀었거나 귀가 들리지 않아도 햇살이 내려앉은 곳
마다 순한 길이 열리고, 도대체 열리지 않을 것만 같은 길에
도 연초록 잎들이 겨울 살갗을 뚫고 숲의 일원이 되는 것을
저만 까맣게 몰랐습니다

금방 사라져버릴 길 끝 벼랑에 서서 손 내미는 당신이 있다는 것도 이제야 알았습니다 순한 냄새를 기억하는 숲의 응원에 초대받으신 당신, 촛불 한 자루 켜주실 거죠?

—「평화의 이름 앞에」 부분

그가 가진 삶의 태도를 한눈에 보여주는 시이다. "이 숲에는 그리 특별한 나무는 단 한 그루도 살지 않습니다"라고 하고서는, 특별하지 않은 나무들의 모습을 "어깨가 처졌거나 등이 휘었거나 팔다리가 부러져도 심지어 눈이 멀었거나" 한 상태라고 말한다. 사실은 모두 특별한 나무들이다. 잘나서 특별한 게 아니라 못나서 특별한 나무들이다. 시인은 이 못난 나무들의 "연초록 잎들이 겨울 살갗을 뚫고 숲의 일원이 되는 것을" 본다. '본다'라기보다는 숲을 이루는 것들의 본질을 읽어낸다. "숲의 일원이 되는 것을 저만 까맣게 몰랐"다고 말하지만, 사실은 그만이 알고 그만이 읽어낸 것이다. '어깨가 처졌거나 등이 휘었거나' 다 소중한 숲의 일원이다. 그는 이 모든 특별하지 않은, 그래서 특별한 존재들에게 손을 내민다. '벼랑에 서서 손 내미는' 나무처럼, 숲을 응원하는 촛불처럼 그렇게 말이다. 여기 그가 내민 따뜻한 손이 있다.

슬픔과 분노로 넘실거리던 내 스무 살엔 용광로처럼 달아오른 손을 놓지 않으려 깍지 낀 채 잠들곤 했다

무심한 일상의 벽 속에 갇혀 언제부턴가 광장으로 가는 길을 잊고 살았던 시간처럼 한 손엔 곤봉을 한 손엔 일당이 든 봉투를 들고 마주선 앳된 용역들을 보며 아르바이트 나간 아들에게 문자를 보내놓고 내 손이 걸어온 기억을 더듬어본다

학생수련원에서 아이들과 보내는 시간이 보람 있다는 아들의 문자를 받고는 한진중공업 정문에 일렬로 늘어서 있는 용역들과 광장에 모인 시민들이 일렁일렁 드뷔시의 아라베스크 1번의 아르페지오처럼 파도를 타는 군상을 꿈꾸며 저 앳된 손들이 내 아들의 손인 것만 같아 슬쩍 물병을 건네본다

—「손」 전문

2010년 12월부터 한진중공업의 대규모 정리해고가 시작되었고 노동자들은 이에 맞섰다. TV에서는 저녁마다 부산의 영도조선소 85호 크레인 위에 일렁이는 흐릿한 사람의 모습을 비추었다. 노동자들이 살을 에는 추위 속에서 고공 농성을 벌인 것이다. 농성자들을 지원하기 위해 전국에서 희망버스를 탄 시민들이 모여들었고, 이들 앞에는 용역과 경찰들이 진을 쳤다. 그 겨울, 시인은 시민 가운데 한 사람으로 현장에 있었다. 그 순간, 갑자기 스무 살 시절이 주마등처럼 떠올랐다 사라졌다.

강릉여고 문예반 시절, 문집을 내기 위해 그는 담당 선생님과

원고를 들고 경찰서에 가서 신고를 하고 사전검열을 받아야 했다. 얼마 후 가혹한 유신체제가 무너졌다. 1980년, 갓 스물이 된 그는 공부를 하겠다고 강릉에서 서울로 향했다. 유신체제가 막을 내리고 잠시 햇살이 내비치던 서울의 봄, 그리고 광주항쟁, 이어지는 신군부 독재의 긴 터널이 그의 앞에 펼쳐졌다.

"슬픔과 분노로 넘실거리던 내 스무 살엔 용광로처럼 달아오른 손을 놓지 않으려 깍지 낀 채 잠들곤 했다"는 한 문장 속에 이루 말로 다 할 수 없는 그의 스무 살이 농축되어 있다. 그리고 삼십 년이 넘는 세월의 강을 건너, 노동자와 시민들의 앞을 막아선 어린 용역들과 마주하게 되었다. "한 손엔 곤봉을 한 손엔 일당이 든 봉투를 들고 마주선 앳된 용역들"도 그의 눈에는 이 땅의 아들들이다. 그 아들들 앞에서 그는 분노와 싸움 대신 따뜻한 손을 내밀고 싶어진다. "한진중공업 정문에 일렬로 늘어서 있는 용역들과 광장에 모인 시민들이 일렁일렁 드뷔시의 아라베스크 1번의 아르페지오처럼 파도를 타는" 꿈을 꾼다. 그의 꿈은 백일몽이 아니라, 아들 같은 용역에게 "슬쩍 물병을 건네"는 데서 생명을 얻어 꿈틀대기 시작한다.

그는 밀양을 향해서도 물병을 건네듯 따뜻한 손을 내민다. "밀양에는, 누구든 한 발 들이기만 하면 쉽게 마음을 내려놓고 만다"(「밀양」)는 표현은 그가 밀양을 얼마나 사랑하는지에 대한 고백이자 밀양에 바치는 헌사이다. 송전탑 싸움을 하는 밀양 할머니들을 만나러 밀양으로 가는 차 안에서도 "밀양밀양 하고/

입안에 되뇌기만 해도/부드러운 햇살이 미량미량……/온몸을" (「밀양 간다」) 감싸는 느낌에 빠진다. 그가 손을 내밀면, 그의 마음이 가닿기만 하면, 이처럼 모든 것들은 부드럽고 밝게 살아난다. 그의 시가 갖는 마법이다.

촛불 한 자루 들고
밀양역 앞에 앉아 보니 알겠다
위정자들 속내나
일당 벌이 용역들 충혈된 눈이나
한전 것들 검은 뿔마저 감싸 안을
가장 높고 위대한 탑이

—「위대한 탑」 부분

"가장 높고 위대한 탑이" '밀양 어르신들'이다. 그 위대한 탑은 모욕과 고통과 아픔을 넘어선 자리이며, 위정자나 용역이나 한전 것들까지 감싸 안는 너른 마음이며 따뜻한 손이다. 시인도 또한 세상의 아픔을 향해 그 손을 내밀고 있다.

아프고 또 아픈 현실

그의 눈길이 가닿는 곳에는 어디나 아프고 쓰린 상처가 있다.

상처를 돌아보면, 지금 우리의 삶은 스무 살 그 시절에서 한 발도 앞으로 나아가지 못한 채 제자리걸음을 하고 있음을 확인하게 된다.

살짝 건드리기만 해도
터져버릴 것 같았던 곳곳이 지뢰밭인
내 이십 대가 그랬듯
빈값등록금은 여전히 부기가 빠지지 않았고
아르바이트에 대출에 대학을 졸업해도
단단하게 뿌리내릴 수 없는 것은
내 이십 대나 아들의 이십 대나 변함이 없다

—「유효기간」 부분

눈앞의 현실이 그에게 "곳곳이 지뢰밭인" 자신의 이십 대를 다시 떠올리게 만든다. 1980년, 스무 살은 "살짝 건드리기만 해도/터져버릴 것 같았던" 불안과 공포와 아픔 덩어리였다.

창에 얼굴을 붙이고
오래오래 들여다보기라도 하면
결코 지워낼 수 없었던 시간, 80년대가
스멀거리며 밀려왔다

경찰서 문을 나서고도 한참

아프도록 꼬옥 눌러 잡은 손을
땀이 흥건해지도록 놓지 않으시던 아버지
믿는다 나는,
핏빛 노을 속으로
긴 한숨을 내놓으시며 하시던
짧은 그 한마디

—「유리벽」 부분

무언가를 오래 바라다보거나, "창에 얼굴을 붙이고/오래오래 들여다보기라도 하면", 약속이라도 한 듯이 "80년대가/스멀거리며 밀려왔다". 그에게 80년대는 '결코 지워낼 수 없'는 시간이다. 아버지의 손에 붙잡혀 '경찰서 문을 나서'는 스무 살의 자신이 생생하게 되살아난다. 결국 서울 생활을 접고 고향으로 내려온 뒤, 그에게는 항상 두 개의 '나'가 있었다. "유리벽 안에도 밖에도 내가 서 있"어서 유리벽을 응시할 때마다 "가슴이 먹먹해"지고 "눈앞이 흐려지"는 것이다.

그런데 지금 내 아들, 우리 아이들은 어떠한가? '반값등록금'은 화려한 말잔치로 끝났고, 대학생이 된 아들들은 아르바이트로 청춘의 시간을 날리고, 졸업한 뒤에는 비정규직 일자리, 학비 대출금과 이자에 휘둘린다. "단단하게 뿌리내릴 수 없는 것은/내 이십 대나 아들의 이십 대나 변함이 없다".

"대학 졸업보다/공장에서 용접 일을 선택한/아들이/지친 몸으로 잠자리에 드는 시간//내 아버지가 그랬듯/내가 할 수 있는 것은/잘 자라는 말을 건네는 일"(「잘 자라」)밖에 없다.

출구가 없는 막막한 현실에서 분노가 앞서는 것은 당연하다. "곪아야 터진다는"(「유효기간」)데 차라리 곪아 터져버렸으면 좋겠다. 하지만 나날이 쫓기는 삶은 "곪을 여유조차" 주질 않는다. 다만, 추락이 있을 뿐이다.

집회가 있을 때마다
맨 앞에 서서
아나운서처럼 또박또박 분명하던 그녀가
무기력한 몸을 안고
강릉 집으로 돌아왔다는 소식과 함께
베란다 화분에 배추흰나비 한 마리
날아들었다

날개를 움직여 한 번만이라도
똑바로 날아보려 해도
벼랑 끝으로 몰리기만 한다는
그녀의 소식이
수화기를 타고 가슴 한쪽에 와 박히던 날

한쪽으로 한쪽으로
맴돌기만 하던 배추흰나비가

바닥으로 툭— 떨어졌다

—「배추흰나비—순래 언니」 뒷부분

자유를 위해 몸부림치던 '순래 언니'는 거대한 세상의 유리벽 안에 갇히고, 배추흰나비가 되어 "바닥으로 툭— 떨어졌다". 세상이 그를 '벼랑 끝으로' 몰아 추락하게 만든 것이다. "봄이 쉬이 올 것 같지 않다며" 화분 하나를 맡기고 간 '유정 선배' 또한 그에게는 "겨울 수숫대처럼 깡마른" "슬픈 봄"(「봄이 슬픈 이유」)으로 다가온다. 끝없는 욕망으로 차오른 자본은 초고층 아파트로 자신을 드러낸다. 시인은 "지상의 발자국 소리도 들리지 않는 50층"에서, "새도 둥지를 틀지 않는 곳에 두 눈을 감고 지상으로 출렁"(「날개 없는 새들이 산다」) 떨어지는 악몽을 꾼다. 이처럼 곪아터져야 할 것들은 더욱 높아만 가고, 여리고 약한 이웃들만 추락하는 현실이다.

죽어라 밥을 위해 일하고 또 일했는데
공장이 폐쇄된다니
싸워서라도 일을 해야 하는데
싸울 상대가 없으니
일하는 것조차도
싸워서 쟁취해야 하는 시대 앞에

—「단절의 시대」 부분

'단절의 시대' 앞에 그는 자기반성을 잊지 않는다. 세상의 고통에 뜨겁게 가닿지 못한 반성! "내 눈 속에 박힌 티 하나가", "폐지를 실은 손수레 위에, 300여 일 멈추어 있었던 타워크레인 위에 내 시선이 단 1%라도 뜨겁게 가닿은 적 있"(「티」)는지 묻고 있다. 그러고는 "이 먼 남쪽 땅 창원에서 가슴 한구석 꺼질 듯 여린 촛불 하나 켜"(「창원」) 든다.

글이 밥이 되었으면

세상에 소중하게 쓰이는 존재는 대체로 그 모습을 잘 드러내지 않는다. 그래서 무엇이든 겉모습만 보고 지내다가는 본래의 모습을 잊기 마련이다. "가족사진을 반듯하게 걸고 있"거나, "일 년 내내 무거운 달력을 매달고 있"는 '못'을 떠올려보라. 가족사진에 눈길을 주거나 달력의 날짜를 짚어 보면서도 '못'은 떠올리지 않는다. 그래도 그 못은 "딱내 절은 수건을 뒤집어쓰고 있을 때도 불평 한마디 하지 않"는다(「못」).

시인은 "내 글이 그들에게/한 올 한 올의 차진 밥이 되었으면 좋겠다"(「밥」)고 고백한다. 시인에게 그 밥은 '못'의 다른 이름이고, '사랑'의 다른 얼굴이다. 늦은 밤, "긴/전화선을 타고" "친정 엄마/치매에 대해/조곤조곤/쉼 없이/쏟아내"는 올케의 이야기를 "봄밤/봄비처럼/잘박잘박" 받아 안는 마음이다(「봄비」). 이처럼 "아무도 모르게 강은 모래톱을 쌓는다"(「오후」). 그가 시인으로서 하고자 하는 일은 이런 일이다. 자신을 내세우지 않고, 상대의 이야기를 들어주는 일, 상대에게 손을 내미는 일, 그렇게 차진 밥이 되는 일!

그 밥은 "식구들을 모이게" 하고, 서로의 걱정을 읽어내고, 서로를 위로하는 공동체적 삶의 바탕이기도 하다. 이때, "그 밥상 앞으로 가족이 모이도록 했던"(「밥을 짓다」) 이가 엄마이다. 그런 엄마가 되고, 밥이고, 못이고, 사랑이 되고 싶은 것이다. 하지만 나날이 부대끼는 삶은 그리 단순하고 만만한 게 아니다.

"푹 고개 숙인" 나를 "살포시 안아주시던"(「버릇」) 어머니의 모습은 만날 수 없고, 팔순을 넘기자 ""당신은 누구세요?"/"누구신데 우리 집에서 밥을 먹습니까?"/나를 알아보지 못하시는/멀뚱멀뚱한 어머니"(「그늘」)만 남았다. "남편은 이미 정년퇴직을 하고/하나뿐인 아들은 이미 용접공이 되었다/광장은 이미 허물어졌"(「역방향」)다.

나는 매달 돌아오는 공과금이나
카드대금 정리하는 날이면
현금인출기 앞에서 면접 보듯 몸이 먼저 굳는다
아니나 다를까 저번 달처럼
잔액이 부족하다는 친절한 목소리에
면접에서 떨어진 것을 확인이라도 한 것처럼

홧김에 인출기를 발끝으로 툭 툭 찰 때도 있다
…(중략)…
내가 돌아선 자리에 또 누군가 굳은 얼굴이 되어
면접관 앞에 자신을 세우고 있다

—「면접」 부분

현금인출기 앞에서 몸이 굳어지고, "잔액이 부족하다는 친절한 목소리"에 "홧김에 인출기를 발끝으로 툭 툭" 차기도 하지만 그는 곧 깨닫는다. 이게 나만의 문제가 아니구나. "내가 돌아선 자리에 또 누군가가 굳은 얼굴이 되어" 나처럼 서게 될 것임을 짐작한다. 이처럼 그는 개인사의 고통에 머물지 않고 이웃과 사회로 시선을 가져가는 건강함을 갖추고 있다. 그래서 그가 생각하는 끝은 언제나 '해피엔딩'이다. "시간은 언제나 과거에 머문 적이 없다는 것"을 아는 그는 지금 여기에 머물거나 주저앉지 않는다.

가끔 스무 살 적 창가에
나를 꿇어앉히기도 하지만
내일은 여전히 맑음
깜깜하고 무겁던 그림자를 끌어안고
여인숙 골방 깊숙이
슬픔의 무게만큼 가둬놓았던
한때의 시간, 그래도 맑음

—「해피엔딩」 부분

아파 본 사람만 진짜 꿈을 꾼다

이번 시집에서 가장 자주 등장한 낱말은 '아픔'과 '햇살'일 게다. 최상해 시인은 시를 쓰면서 지날 세월의 아픔을 스스로 치유하고 있다. 그 치유의 약은 이웃에게 마음을 열고 손을 내미는 행동이다. "어두움 깊숙이 묻어두었던 아린 과거의 상처들을/세상에 내어놓"고, 광장으로 햇살 속으로 걸어오는 그의 모습이 환하게 보인다. "어둠이/지독할수록/바람이/세찰수록/빛나는/별 하나/내 가슴속에 산다"(「북극성」). 어둡고 긴 터널을 지나온 만큼 그의 희망은 아주 작은 것에서도 싹을 틔운다.

햇살이 내 등을 어루만져주고
내가 햇살의 손을 잡아줄 수 있다면
그 사이가 10분이라도 충분하겠다

—「사이」 부분

그는 "여우 꼬리 같은 햇살 한 줌"에도 힘을 얻는다. 그 힘으로 이번에는 "내가 햇살의 손을 잡아"준다. 서로가 서로의 등을 두드려주고, 손을 잡아주는 '사이', 그래서 더 따뜻해지는 세상을 그는 추구하고 있다.

자유를 갈망하였으나 언제나 자유롭지 못했던 그, 세상의 아픔에 단 1%라도 뜨겁게 가닿은 적이 있었는지 반성하는 그, 세상의 현금인출기 앞에서 몸이 굳는 그, 한 곳에 시선을 모으기만 하면 눈물이 맺히는 그.

강물이 아무도 모르게 모래톱을 쌓듯, 아픔과 상처를 가만가만 등 두드려주는 시인, 벼랑 끝에서 손 내미는 시인, 가슴 한구석 꺼질 듯 여린 촛불 하나 켜 든 시인, 아픔과 슬픔으로 햇살을 빚어내는 최상해 시인.

"반드시 건너가야 할, 강을 앞에 둔/저 광활한 세렝게티 초원의 누떼처럼"(「초보운전」) 그는 새로운 출발점 앞에 서 있다.

그에게 따뜻한 차 한 잔 건넨다.

이 도서의 국립중앙도서관 출판시도서목록(CIP)은 서지정보유통지원시스템 홈페이지(http://seoji.nl.go.kr)와 국가자료공동목록시스템(http://www.nl.go.kr/kolisnet)에서 이용하실 수 있습니다.(CIP제어번호: CIP2016012328)

문학의전당 시인선 226

그래도 맑음

초판 1쇄 인쇄 2016년 5월 20일
초판 1쇄 발행 2016년 5월 27일

지은이 최상해
펴낸이 고영
책임편집 류미야
디자인 헤이존
펴낸곳 문학의전당
출판등록 제311-2012-000043호
주소 서울시 은평구 연서로11길 7-5 401호
전화 02-852-1977 팩스 02-852-1978
전자우편 sbpoem@naver.com

ISBN 979-11-5896-260-9 03810

* 이 시집은 2016년 경남문화예술진흥원에서 제작비를 지원받아 제작되었습니다.